4

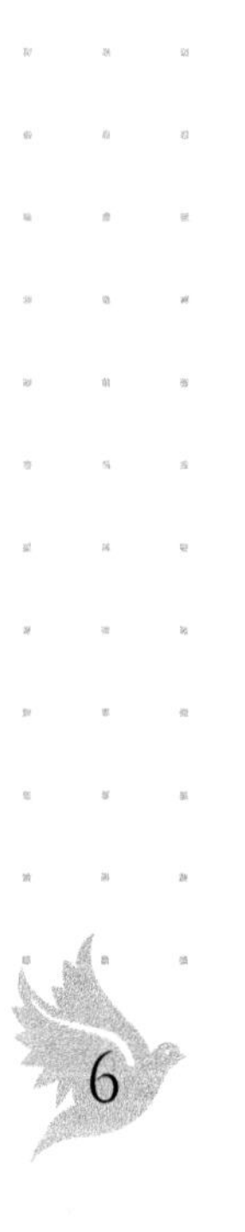

6

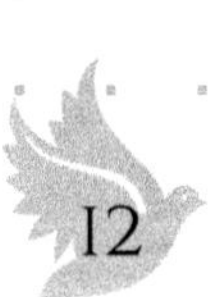

12

18

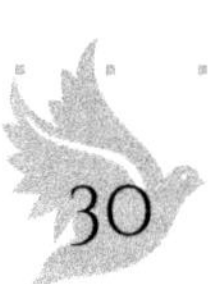

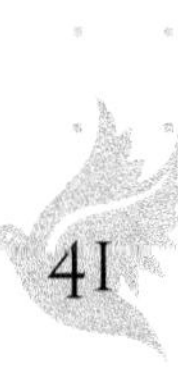

41

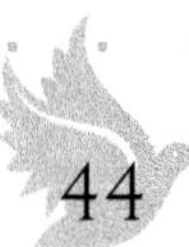

44

48

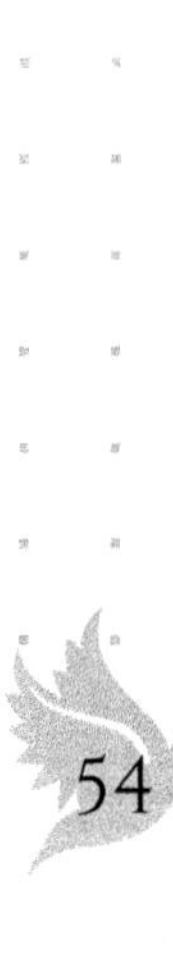

60

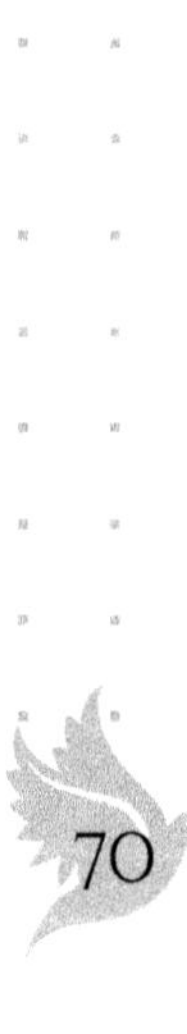

70

72

76

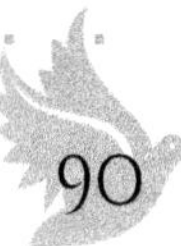

90

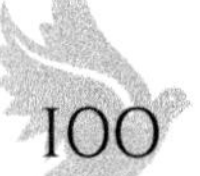

100

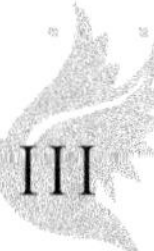

III

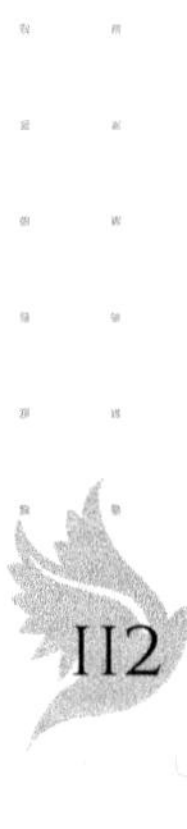

114

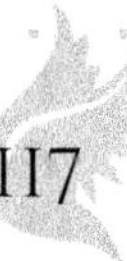

118

Inhalt und Gestaltung:
Andreas Beck
Breiteweg 24
89143 Blaubeuren